AF253510

LE PRINCE LOUIS

JUGÉ

PAR LA CHAMBRE DES PAIRS.

PAR ÉVARISTE **BAVOUX**.

Paris,

PAULIN, LIBRAIRE-ÉDITEUR,
RUE DE SEINE, N° 33.
BROCKHAUS ET AVENARIUS, RUE RICHELIEU, 60.

—

1840.

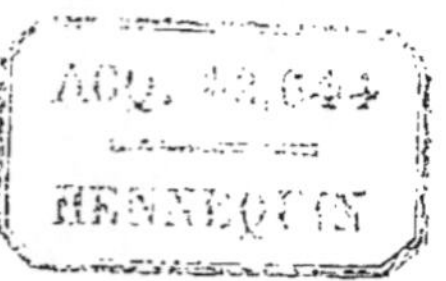

IMPRIMERIE DE MOQUET ET COMP.,
Rue de la Harpe, 90.

RÉVISION DES LOIS DE SEPTEMBRE.

Le ministère actuel a pris devant la chambre, à la session dernière, l'engagement formel de présenter, lors de sa pro-chaine réunion, une loi destinée à définir l'attentat et à fixer la compétence de la Chambre des Pairs. Nous ne doutons pas qu'il ne soit prêt à réaliser sa promesse, la seule après tout qui ait une certaine portée politique, et qui d'ailleurs était in-scrite en tête du programme que la nouvelle administration offrait comme clause de son avénement au pouvoir.

A l'occasion d'un événement qui appelle de nouveau la Chambre des Pairs à l'exercice de ses fonctions judiciaires, il est peut-être important de réveiller les souvenirs du minis-ètre ; sans blâmer positivement l'usage actuel de ce droit de juger que la constitution attribue à l'une des deux Chambres, nous pensons que ce n'en est pas moins une sorte d'à-propos pour réveiller l'attention de la presse et du pays, au moment où le gouvernement va être mis en demeure de tenir sa parole. Il importe qu'il sache que la raison publique n'abandonne pas la défense de ses droits.

Pour donner à cette question l'intérêt qu'elle mérite, il suffit, je crois, de la bien faire connaître : elle est du nombre de ces vérités qui sont aussitôt adoptées que comprises.

COMPÉTENCE

DE LA CHAMBRE DES PAIRS.

§ 1. *Indépendance du pouvoir judiciaire.*

Il est vraiment affligeant de voir que toujours et sans cesse, la liberté en soit réduite à disputer les droits qui paraissaient les plus élémentaires et le plus incontestablement établis. Une observation non moins affligeante naît du spectacle de cette fatalité aveugle qui entraîne tous les hommes et toutes les institutions vers le mal, et semble les dévouer à une mort inévitable, à une perte volontaire ; aveuglement déplorable qui dispose tous les corps politiques à altérer la pureté native de leur origine, et à modifier leur organisation primitive par des attributions forcées, vicieuses, délétères.

L'un des principes les plus sacrés, dans tout gouvernement constitutionnel, c'est la séparation des pouvoirs, c'est la constitution et l'indépendance du pouvoir judiciaire.

La justice, cette émanation divine, ce lien qui rattache l'homme au ciel, n'est sainte et respectée qu'à la condition d'être impartiale, et elle n'est impartiale que lorsqu'elle est indépendante.

La justice est la première nécessité comme le premier besoin de toute société ; il est impossible de concevoir l'existence d'une société quelconque sans l'existence simultanée de la justice. On peut comprendre en effet toutes les formes de gouvernement, despotique ou libre, absolu ou constitutionnel, l'esprit peut admettre ou combattre tous les systèmes ; mais au milieu de toutes les théories, et avant l'expérience de toutes choses, il est un pouvoir qu'il faut, du gré de tous, constituer et reconnaître ; ce pouvoir, c'est le pouvoir judiciaire. Sans lui tout est chaos ; avec lui une société peut du moins exister, et plus cette société sera régulièrement instituée, plus son organisation politique sera heureuse ; plus aussi elle apportera de scrupules à purifier un pouvoir auquel se rattachent les intérêts de tous les citoyens, la sécurité de leurs affaires et de leurs affections les plus intimes.

L'organisation de la justice est donc une question trop grave pour être soumise aux proportions étroites d'un débat de parti politique, ou même d'une discussion variable selon les circonstances : c'est une question durable, perpétuelle, de tous les temps et de tous les pays.

Il ne s'agit pas le moins du monde de savoir quel degré de confiance peuvent inspirer tel ou tel personnage, telle ou telle branche du pouvoir pour lui conférer telle ou telle attribution judiciaire ; il s'agit d'un grand principe : l'isolement du pouvoir judiciaire.

Delolme (1) établit avec une grande lucidité la nécessité constitutionnelle de l'équilibre et de la sage pondération des pouvoirs. On comprend que, quand nous parlons ici du pouvoir judiciaire, c'est surtout sous son point de vue criminel et plus particulièrement sous son point de vue criminel politique, car en matière civile ou criminelle ordinaire, personne n'est intéressé à une mauvaise justice, la passion ne vient pas agiter les esprits ; mais c'est en politique que l'exaltation, la haine et la fureur enfantent la violence et l'injustice ; c'est alors que la raison perd son empire, l'humanité ses droits ; c'est alors que les notions du juste et de l'injuste, du faux et du vrai, sont mêlées et confondues ; le fanatisme politique, peut-être aussi aveugle que le fanatisme religieux, ne connaît ni lois ni principes, et il est d'autant plus redoutable dans ses emportements que ses amis de la veille sont souvent ses ennemis le lendemain, et que personne ne peut être assuré d'échapper à ses coups.

Tel est l'ordre d'idées qui éclaire les dangers de la justice politique et doit faire redouter l'existence des tribunaux extraordinaires. Tous les gouvernements, cédant au sentiment irréfléchi de leur sûreté personnelle et de leur intérêt malentendu, ont toujours obéi à la facile satisfaction de se donner raison à eux-mêmes, en condamnant par des tribunaux créés à leur dévotion, leurs adversaires ou leurs ennemis : insensés

_____

(1) Constitution de l'Angleterre, 1-191.

qui ne voient pas qu'un arrêt de condamnation, pour être utile, doit être juste, et qu'il n'est juste dans la conscience publique que lorsqu'il est rendu avec indépendance !

Il en résulte que la justice politique, pour être entourée de cette considération et de cette autorité sans lesquelles la justice n'existe pas, doit plus que toute autre offrir des garanties d'indépendance et d'impartialité. Pour cela, il faut répudier en son nom tout caractère exceptionnel : se rencontre-t-il des circonstances fort rares où les tribunaux ordinaires ne paraissent pas réunir toutes les conditions d'indépendance ou de lumières que réclame la haute position de l'accusé ou la gravité du crime ? C'est d'abord une hypothèse infiniment rare, si rare même qu'en ayant la force de secouer le joug de quelques préjugés à cet égard, je serais assez disposé peut-être à nier d'une manière absolue et radicale la réalité d'un semblable besoin.

Je sais bien tout ce qu'on a dit et tout ce qu'on peut dire en faveur de ces hautes juridictions créées par des raisons suprêmes et motivées par de hautes convenances d'état ; mais je me défie des exceptions quelles qu'elles soient, en semblable matière, et je ne suis pas bien convaincu que cette institution si nationale et si pure du jury, acceptée dans sa grandeur et sa sincérité, ne réponde à tous les besoins et à toutes les nécessités politiques.

Voulez-vous pourtant que dans certaines circonstances critiques, l'importance de l'accusation soit en disproportion avec l'importance personnelle de 12 juges empruntés momentanément par le sort à la série peut-être la plus inintelligente et la plus incapable de la société ? Je répondrai d'abord que cette supposition d'un hasard tout-à-fait défavorable est assez inadmissible, et qu'il y aurait possibilité d'y remédier en élargissant, par exemple, en certaines occasions, la base du jury, en augmentant le nombre des jurés, et même des juges ; mais je répondrai ensuite que ce danger d'ignorance est beaucoup moindre à mes yeux, que celui de servilité et d'obédience que l'expérience n'a que trop signalé dans ces hautes et solennelles juridictions auxquelles on n'a eu que trop souvent recours.

Je ne puis m'empêcher de frémir à la vue des maux et des calamités sans nombre qu'a produite la confusion des idées si simples que j'ai voulu résumer ici ; à savoir : la séparation des pouvoirs et l'isolement du pouvoir judiciaire. Le droit de punir et surtout en matière politique ne saurait être trop religieusement déterminé. « Non-seulement la sûreté du citoyen, dit Delolme, mais celle de l'état lui-même exigent les plus grandes précautions dans l'établissement de la puissance nécessaire, mais si redoutable, d'infliger des peines. La première à prendre, celle même sans laquelle il est impossible d'en prévenir les dangers, c'est qu'elle ne soit jamais laissée à la disposition ni même à l'influence de celui qui est le dépositaire de la force publique.

« Une autre précaution indispensable, c'est que cette puissance ne soit pas placée non plus dans le corps législatif : et cette précaution, si nécessaire dans tout état, l'est bien davantage lorsqu'il n'y a qu'une petite partie de la nation qui ait une part actuelle au pouvoir législatif (1). »

§ 2. *Justice politique en Angleterre.*

C'est l'histoire à la main qu'il faut étudier la vérité de ces principes. Et ce qu'il y a de plus concluant, peut-être, c'est que c'est en Angleterre, cette terre classique du gouvernement constitutionnel, que la dérogation à ces règles souveraines a été suivie des excès les plus sanglants. C'est ainsi que les annales du parlement anglais transformé en cour de justice, fournissent les exemples les plus honteux de complaisance, de cruauté, et détruiraient toutes les idées d'honneur et de justice, si la vérité pouvait jamais cesser d'exister, et si la justice divine ne se réservait souvent le soin de frapper celui-là même qui a frappé injustement les autres. Ainsi du crime naît la peine, et de l'oubli des vrais principes, la sanction qui souvent atteint le juge coupable et flétrit son jugement !

Sous Henri VIII la justice politique ne fut pas seulement à la dévotion du monarque, mais même à celle d'un premier ministre, fils d'un boucher d'Ipswick, qui s'éleva successivement par quelque talent et beaucoup d'intrigue au comble des honneurs et de l'opulence : Wolsey, après avoir étalé le scandale d'une ostentation, d'une pompe et d'un orgueil qui enva-

(1) Delolme, constitution de l'Angleterre, 1-157.

hissait toutes les dignités de l'état et de l'église, donnait chaque jour de nouveaux exemples d'une autorité sans bornes et sans pudeur. Le duc de Buckingham , connétable d'Angleterre, un des plus grands seigneurs du royaume par sa naissance et sa fortune , avait été assez malheureux pour déplaire à Wolsey; il ne fut pas longtemps sans avoir lieu de se repentir de son imprudence ; sous prétexte de quelques menaces qu'il avait prononcées contre le roi , il fût jugé, condamné et exécuté sur le champ (1).

Tout le monde connaît cet assassinat juridique commis par l'assemblée des pairs d'Angleterre réunie pour juger, ou plutôt pour condamner sans preuve une pauvre jeune femme qui n'avait d'autre tort que l'inconstance cruelle de son royal époux : Anne de Boleyn expia sous la hache du bourreau le don funeste de ces grâces séduisantes qui avaient d'abord charmé Henri VIII, et le trouvèrent inflexible quand la satiété eut épuisé son amour. Et cette chambre des pairs, qui avait sanctionné son divorce avec Catherine d'Aragon, pour aplanir le chemin du trône à la jeune favorite, eut l'affreux courage de dresser l'échafaud à celle qui avait cessé de l'être ! Ainsi les tribunaux qui se font les complaisants du pouvoir tombent au dernier degré de honte et de cruauté ; ils se font les complices de toutes les passions, de tous les caprices des princes. Juges dés-honorés qui, parce qu'une pauvre femme, en laissant tomber, par mégarde , dans un tournois, son mouchoir, a fait éclater les transports jaloux du maître, la condamnent à être brûlée ou décapitée *selon le bon plaisir* du roi. Ministres prévarica-teurs de la justice humaine qui jusques dans cette option lugubre semblent avoir voulu prouver combien une âme de courtisan peut contenir de complaisance et d'ignominie !

Avec une courtoisie tout aussi touchante, Henri VIII fit venir de Calais l'exécuteur qui passait pour le plus habile d'Angle-terre, et ce fut à lui qu'il confia la mission de rompre ce lien conjugal qu'il renoua le lendemain même avec Jeanne Seymour.

Dans le nouveau parlement, convoqué par suite des événe-ments qui avaient signalé l'existence et la chute du dernier, il se fit un mérite de ce troisième mariage contracté , disait-il, malgré les douleurs de ses deux premières unions , dans l'in-

(1) Hume, Histoire d'Angleterre, 3-111.

térêt de son royaume. Déclaration qui fut reçue par l'orateur avec tous les témoignages de la plus vive reconnaissance ; ce fut une occasion toute naturelle de louer Henri de tous les dons qu'avaient répandus en lui la grâce et la nature. De semblables débuts n'annonçaient pas un parlement moins docile que le précédent. En effet, le divorce avec Anne de Boleyn fut ratifié ; elle fut, ainsi que tous ses prétendus complices, tenue pour atteinte et flétrie ; on qualifia crime de haute trahison les discours défavorables que l'on oserait hasarder sur le roi, la reine régnante et leur postérité.

Plus tard, fatigué du pouvoir de son ministre favori, Cromwell, le roi résolut sa perte. Un bill de proscription fut immédiatement expédié, et la Chambre des pairs, sans instruire de procès, sans interrogatoire, sans preuves, jugea à propos de condamner à mort un homme que peu de jours avant elle avait accablé de flatteries à l'occasion d'un discours qu'il avait prononcé au nom du roi à la *Chambre haute*, le déclarant, par allusion à ses fonctions de vicaire-général, digne d'être le vicaire-général de l'univers. Cromwell fut exécuté sur les motifs les plus frivoles. L'un des auteurs de ce meurtre fut le duc de Norfolk qui culbuta Cromwell de concert avec le roi auquel il avait déjà inspiré le désir de posséder sa nièce Catherine Howard.

Mais pour cela il fallait l'épouser, car Henri avait cet étrange scrupule de regarder comme tellement sérieuse toute union avec une femme, qu'il ne l'admettait comme possible que dans l'état de mariage, et pour satisfaire ce scrupule, qu'il eût été bien plus moral à lui de ne pas avoir, il n'y avait ni injustice ni meurtre qui pussent l'arrêter devant la possession d'une femme qu'il désirait. La Chambre des pairs, docile instrument de ses passions et de ses fureurs, alla au-devant de ses vœux, et présenta à Sa Majesté une requête pour la supplier de trouver bon qu'on examinât la validité de son mariage avec Anne de Clèves ; et, après l'accomplissement de cette comédie, la nullité en fut prononcée.

Malheureusement Catherine, bien mal instruite par le passé, se livra au libertinage, et Henri, blessé dans la partie la plus sensible de son être, n'hésita pas longtemps sur le moyen de sa vengeance : le parlement, son vengeur ordinaire, était là, près de lui ; il fut aussitôt convoqué. « Les deux chambres, ayant reçu la confession de la reine, commencèrent par présenter une adresse au roi, qui contenait plusieurs articles singuliers. Elles invitaient Sa Majesté à ne se point affliger d'un accident désagréable auquel tous les hommes étaient sujets ; à considérer la fragilité de la nature humaine, ainsi que la vicissitude des choses de ce monde, et à tirer de ce coup d'œil philosophique un moyen de consolation. Elles demandaient qu'il leur fût permis de passer un bill de proscription contre la reine et ses complices ; elles désiraient que le roi y donnât sa dernière formalité par son consentement, non en personne, ce qui renouvellerait sa douleur et pourrait altérer sa santé, mais par procureur ; et comme on tenait en vigueur une loi qui plaçait au rang du crime de haute trahison, la licence de parler mal du roi ou de la reine, elles imploraient la clémence de Henri, si dans cette occasion quelques membres d'entre elles étaient forcés de déroger à ces statuts.

« Pour garantir le monarque et ses successeurs de semblable malheur, une loi insensée fut rendue qui déclara que quiconques aurait ou présumerait fortement quelque irrégularité dans les mœurs de la reine et ne la révélerait pas au roi ou à son conseil dans l'espace de vingt jours serait puni comme traître. La même loi défendait en même temps de répandre les soupçons de cette espèce dans le public, et, qui plus est, de s'en entretenir avec qui que ce fût en particulier. On statua encore que si le roi épousait une femme comme chaste, et cependant qu'elle se fût manqué à elle-même sans lui en faire l'aveu avant de s'engager avec lui, elle serait déclarée criminelle de trahison.

Le peuple ne fit que rire de cette clause ridicule, et dit que désormais il faudrait que le roi ne jetât ses vues que sur des veuves (1). »

Après la promulgation de toutes ces lois, on trancha la tête à la reine.

La Chambre des pairs donna à Henri un dernier témoignage de son inépuisable et honteuse complaisance : le duc de Norfolk, coupable seulement d'avoir déplu au souverain et accusé d'avoir dit une fois que le roi était mal sain, qu'il ne vivrait pas longtemps, et que le royaume au milieu de tant d'opinions différentes sur la religion n'était pas moins malade que le roi, le duc de Norfolk, malgré ses grands services, ses prières, ses protestations et ses preuves d'innocence, fut traduit devant

(1) Hume, Histoire d'Angleterre, 3-329.

la Chambre des pairs ; sans interroger le prisonnier, sans instruire son procès, sans aucun témoignage contre lui, elle porta un bill d'attainder ou de proscription : le duc devait subir le fatal supplice, le 29 janvier, lorsqu'on apprit à la Tour que le roi lui-même venait d'expirer. Cette mort imprévue sauva la vie de Norfolk.

Il ne faut pas croire que cette condescendance coupable aux iniquités royales fût inspirée par l'autorité individuelle d'un prince et cessât avec lui. C'est un fait inhérent à certaines juridictions politiques, et qui malheureusement s'est reproduit dans plus d'un pays et sous plus d'un règne.

Lord Seymour, dépouillé sur de vagues accusations, de la charge d'amiral, fut conduit à la Tour et traduit devant la Chambre haute. Plusieurs pairs se levèrent de leur place pour dire ce qu'ils savaient de la conduite, des paroles et des actions criminelles de Seymour. Ces espèces de dépositions furent reçues comme des preuves démontrées : tant il y a de péril à se départir des voies de la justice en dehors desquelles il n'y a plus qu'erreur et violence ! Quoique l'amiral crût s'être fait beaucoup d'amis et de partisans parmi la noblesse, pas un n'eut le courage et l'équité de dire qu'il fallait entendre la défense du prisonnier ; que les témoignages rendus contre lui étaient irréguliers, et qu'il devait être confronté avec les témoins.

Seymour eut la tête tranchée à Tower-Hill. L'ordre en était signé par Somerset, régent d'Édouard IV, enfant.

Au surplus, Somerset ne tarda pas lui-même à expier le crime à la complicité duquel il avait associé le parlement, et il apprit par sa propre expérience ce que vaut la justice politique. Dans cette même année accusé d'avoir usurpé le gouvernement et de s'être emparé de toute l'administration des affaires, il fut envoyé à la Tour, poursuivi devant le Parlement, démis de la Régence, dépouillé de toutes ses charges, après avoir subi à genoux l'ignominie d'un acquiescement public à tous les articles de l'accusation. Pour cette fois du moins on lui fit remise de la vie, mais il fut flétri d'une amende après avoir fait amende honorable.

Mais l'innocence et la faiblesse ne sont pas des garanties suffisantes contre les poursuites politiques : deux ans plus tard, en 1551, le duc de Somerset, coupable d'un certain reste de popularité accordée à ses malheurs et de la haine de l'ambitieux Northumberland, fut arrêté de nouveau, ainsi que la duchesse, sa femme, lord Grey, Seymour, sir Michel Stanhope, etc. Les nobles pairs étaient des instruments trop faciles pour qu'il fût même nécessaire de prendre beaucoup de peine à formuler une accusation en règle; en conséquence, le commode soupçon d'une conspiration servit de prétexte : puis sur cette vague indication fut alors rédigée la qualification habituelle de haute trahison, félonie, accusation d'autant plus assurée du succès qu'elle est plus indéterminée et plus sonore. Northumberland, qu'un sentiment de convenance aurait dû éloigner de son siége de juge, eut l'impudeur de concourir au jugement et à la condamnation de Somerset et de ses prétendus complices, victimes, comme lui, dit Hume, de la plus grande injustice. L'exécution eut lieu à Tower-Hill au milieu d'une affluence immense de spectateurs; plusieurs amis de Somerset coururent tremper leurs mouchoirs dans son sang, qu'ils gardèrent comme une relique précieuse. Peu temps après Northumberland, désigné par la justice divine à la réparation d'un crime que Somerset, lui aussi, déjà avait commis et expié, Northumberland, condamné à mourir comme il avait fait condamner et mourir Somerset, vit se dresser devant ses yeux, avant de les fermer pour toujours, ces mouchoirs ensanglantés qui s'agitaient autour de l'échafaud comme un reproche et un remords!

C'est sous le règne de Marie, en 1553, que, malgré toutes ses protestations devant la Chambre des pairs, Warwick, duc de Northumberland, fut à son tour offert en holocauste à cette loi éternelle qui ne veut pas l'impunité du crime. Ces hautes cours de justice, parjures à toutes les lois de l'honneur et de l'humanité, sembleraient devoir expier elles-mêmes l'iniquité, mais il faut reconnaître qu'elles ne sont presque jamais que les instruments du pouvoir qui les met en œuvre, et c'est déjà justifier la justice de Dieu que d'en signaler l'empreinte sur la tête du vrai coupable. D'ailleurs, si un examen plus approfondi permettait de pénétrer dans les détails de cette grande loi morale, peut-être serait-il plus facile qu'on ne pense d'en retrouver les vestiges dans l'histoire de ces institutions politiques et judiciaires.

Quoi qu'il en soit, ce n'est pas moins un triste tableau et un triste enseignement que celui de ces jugements politiques, toujours si suspects devant la conscience publique.

L'histoire d'Angleterre est remplie de ces terribles leçons dont il faut du moins chercher à recueillir le seul avantage, hélas ! qu'elles puissent offrir : celui de l'expérience.

§ 3. *Justice politique en France.*

En France, le pays du monde où un principe se développe avec le plus de lucidité et de certitude, cette grande théorie de la division des pouvoirs a été admirablement définie et en est arrivée à l'état d'axiôme. Ainsi Montesquieu disait déjà : « Il n'y a point de liberté si la puissance de juger n'est pas séparée de la puissance législative et de l'exécutrice. Si elle était jointe à la puissance législative, le pouvoir sur la vie et la liberté des citoyens serait arbitraire, car le juge serait législateur (1).

La justice, en effet, doit avoir ce caractère d'indépendance et d'impartialité qu'elle assure les droits de tous les citoyens et offre une invincible protection à l'innocence et à la faiblesse. « Nos pères, dit encore le président de Montesquieu, entendaient par rendre justice protéger le coupable contre la vengeance de l'offensé; de sorte, que chez les Germains, à la différence de tous les autres peuples, la justice se rendait pour protéger le criminel contre celui qu'il avait offensé (2). »

Malheureusement la réalité a plus d'une fois failli à la noblesse de ces pensées : et quoique depuis le commencement du 18ᵉ siècle, où écrivait Montesquieu, la théorie du gouvernement constitutionnel, qui a grandi chez nous, ait eu des interprètes aussi nombreux qu'éloquents, cependant les mauvaises passions du pouvoir n'ont que trop souvent reproduit dans notre pays les exemples que nous avons empruntés à la Grande-Bretagne : monuments d'iniquités dont les gouvernements trouvent peut-être moins en eux-mêmes l'esprit d'imitation que l'inspiration personnelle. Et il n'est que trop vrai que notre histoire contient à cet égard de funestes précédents.

Les tribunaux, transformés en commissions extraordinaires, sous les dénominations de cours spéciales, prévôtales,

(1) Montesquieu Esprit des lois, page 86.
(2) Id. 328.

hautes cours de justice, cour des pairs, ont bien souvent
servi d'instruments aux passions religieuses et politiques.

Tout le monde se rappelle les violences que commirent au
nom de la liberté ces tribunaux sanguinaires formés par la
loi révolutionnaire du 11 mars 1793. Et ces tribunaux cri-
minels spéciaux qu'une loi du 7 février 1801 autorisait le
gouvernement à créer, et ces cours prévotales de 1815 n'ont-
elles pas toujours fait d'un accusé un coupable ? N'ont-elles
pas toujours accordé au gouvernement les condamnations qu'il
leur demandait ? Rappellerai-je le remords qui pèse aujour-
d'hui encore sur la Chambre des pairs, juge du maréchal
Ney (1) ? Rappellerai-je toutes ces décisions politiques que
regardaient comme si utiles ceux qui les avaient obtenues et
ceux qui les avaient accordées ; et est-il encore nécessaire
aujourd'hui, après tant de cruelles épreuves, de prouver de
nouveau l'immoralité et l'inutilité de ces juridictions flé-
tries dans l'histoire.

Le temps est passé heureusement où le chevalier Birague,
parlant de la saint Barthélemy, disait : « C'est une nouvelle manière que prend notre roi Charles IX de rendre justice à ses
sujets. » Cependant il n'y a pas très longtemps encore que
notre gouvernement, pris assez étourdiment d'une belle passion pour cette justice expéditive, voulait mettre sous la
domination du sabre toute notre cité, et le souvenir de l'état
de siége n'est pas fait pour donner une confiance bien aveugle dans les principes constitutionnels du pouvoir à cet
égard.

Ce qu'il faut conclure de ceci, c'est que la justice politique
pour être impartiale et respectée doit être plus que toute
autre à l'abri des influences et du soupçon : un procès politique compromet toujours assez l'amour-propre ou le système
du pouvoir pour laisser supposer son intervention ou tout
au moins son impulsion morale : il perd toujours quelque
chose à un acquittement ; il est donc tout naturel de présumer
qu'il le craint et cherche à l'éviter : de là sa présence et son
action dans tous procès politique ; de là sa prédilection pour
les juridictions exceptionnelles et complaisantes ; et l'on con-
prend que plus le procès est important, plus cette action
redouble d'énergie, et plus il faut dès-lors de force, et d'indé-

(1) Ordonnances du roi 11 et 12 novembre 1815. *Moniteur* du 12
novembre 1815, p. 1251, et du 14, pag. 1261.

pendance dans les juges : c'est pourtant toujours le contraire : l'indépendance du juge est en proportion inverse de la gravité de l'accusation; de sorte que là où l'accusé aurait besoin de plus de garanties, il trouve plus de péril; et, au lieu de cette justice calme, impassible, que l'on a toujours le droit d'attendre de tout tribunal, il ne trouve le plus souvent que passion et violence.

C'est pour satisfaire à ces justes alarmes ou plutôt à cette triste expérience, que l'opinion publique en était venue à ne reconnaître d'autre juge des affaires politiques qu'elle-même : tel est le caractère du jury.

On a compris, ainsi que le disait M. Odilon-Barrot (1), « qu'un pouvoir permanent quel qu'il fût, politique, souverain, placé au plus haut degré de l'échelle sociale, ne pût être juge des délits politiques, parce que la juridiction sur les délits politiques est telle qu'elle peut devenir un instrument d'oppression, quand elle est confiée à une autorité permanente; parce que nous en avons pour gage toutes les expériences qui ont été faites ; parce que nous sommes arrivés à cette conviction profonde et universelle que hors de l'attribution de ces délits au jury, à la justice du pays, il n'y a que danger, oppression et moyens de despotisme. »

Sous l'empire de ces idées, conquête précieuse de nos discussions publiques, et de nos malheureux essais, s'était élevée cette juridiction nouvelle et puissante du jury, et en même temps à côté d'elle une autre juridiction réservée, disait-on, pour la connaissance des crimes dont la nature ou les auteurs offrent trop d'importance pour être soumis au hasard d'un tribunal trop mobile et trop faible : de là est né l'art. 33 de la Charte de 1814, qui attribuait à la Chambre des pairs le jugement des crimes compris sous le nom d'attentats (2).

J'avoue ma répugnance pour cette attribution à la Chambre haute ; elle me paraît être une violation des principes développés plus haut, violation d'autant plus sérieuse que loin d'assurer une plus complète justice, elle compromet plus gravement le sort des accusés par la raison qu'une institution

______

(1) Discours à la Chambre des députés. *Moniteur* du 27 août 1835. Discussion des lois de septembre.

(2) Art. 33 de l'ancienne Charte : « La Chambre des pairs connaît des crimes de haute trahison et des attentats à la sûreté de l'état qui seront définis par la loi. »

quelconque est moins indépendante à mesure qu'elle est plus voisine du pouvoir, source des séductions.

Cette violation est en outre grave, en ce qu'elle semble frapper le jury d'une incapacité relative que je repousse comme une erreur et presque comme une insulte. Mais ce n'est pas la question qu'il s'agit de débattre ici, et la distinction ayant été faite dans la Charte, il fallait l'accepter : la législation de 1819 est venue avec loyauté faire la part du jury, lui déférant la connaissance des délits de la presse (1).

Nous avons ainsi traversé les mauvais jours de la restauration ; nous n'avons pas besoin de rappeler l'antipathie profonde du gouvernement de cette époque pour les droits de l'intelligence et de la liberté, et cependant, à l'exception de l'oubli dans lequel on laissait la partie finale de l'art. 33 qui promettait une définition de l'attentat, il est vrai de dire que la Chambre des pairs ne fut saisie que rarement de ses attributions judiciaires. Il y avait tout lieu de croire que la restauration ne léguerait pas à notre gouvernement nouveau le désavantage pour lui de la comparaison ; il n'en est malheureusement pas ainsi, et toute coupable qu'ait été la royauté de droit divin, notre royauté populaire s'est montrée sous ce rapport beaucoup moins libérale et tolérante. Sous prétexte de l'affreuse machination de Fieschi, un cri d'alarme fut jeté par le pouvoir au milieu des Chambres ; ce cri fut recueilli avec anxiété, et nos législateurs trop accessibles à des terreurs paniques, et en méconnaissant la portée politique, consentirent, en haine d'un crime individuel, à porter la main sur notre pacte constitutionnel et à le froisser dans sa partie vitale : la liberté de la presse.

En effet, notre Charte de 1830, œuvre trop incomplète et trop rapidement improvisée, contient cependant quelques principes qu'il s'agissait avant tout d'établir d'une manière fixe et invariable, entre autres celui des franchises de la presse. L'art. 28, copie littérale de l'ancien article 33, réservant le jugement des attentats à la Chambre des pairs, il ne restait qu'à définir l'attentat, c'est-à-dire à limiter le nombre des crimes qui, au moyen de cette qualification pénale, auraient pu ressortir de la juridiction de la Chambre des pairs, et que la définition devait

____

(1) Lois du 17 mai 1819, 26 mai 1819, 9 juin 1819, ordonnance du 9 juin 1819.

2

avoir pour objet d'en éliminer. En d'autres termes, il s'agissait, à l'aide de cette définition promise, de restreindre la compétence de la cour souveraine aux attentats de la nature la plus grave. C'était la réalisation de cette pensée que j'ai signalée plus haut; à savoir : qu'à certains crimes d'une haute gravité, il fallait une juridiction plus élevée et plus solennelle. Mais cette juridiction, par le motif même qui la créait, ne devait attirer à elle que les crimes dont les proportions répondissent à la grandeur du juge. J'en atteste la raison, l'expérience et les souvenirs de tous à cette époque : telle a été la pensée déposée dans l'art. 28.

Puis a été rédigé l'art. 69 sous l'impression de cette autre pensée, que la restauration avait témoigné trop de mauvais vouloir à la presse pour qu'il fût prudent de compromettre de nouveau son avenir au caprice des lois, et, alors, pour le mettre à l'abri de toutes les chances législatives, il lui fut en quelque sorte donné acte dans notre pacte fondamental : l'application du jury aux délits de la presse et aux délits politiques fut textuellement consigné dans cet art. 69 (1); vigilance qui par la priorité même qu'elle donnait à ce principe sur tous les autres témoignait assez de la sollicitude politique en sa faveur.

Qui pouvait se douter alors qu'à peine 5 ans après, sous prétexte de définir l'attentat, et profitant de l'indignation que soulevait un attentat odieux, le gouvernement solliciterait et obtiendrait des chambres une loi qui viole à la fois et notre Charte et les principes que semblaient avoir conquis et devoir protéger tant de longues et cruelles épreuves ? C'est cependant ce qui est arrivé, et c'est le fait qui nous reste à examiner, et dont nous appelons la réforme de tous nos vœux.

§ 4. *Loi de septembre.*

L'une de ces lois de septembre si justement réprouvées par l'opinion publique, celle du 9 septembre 1835 sur les crimes

______

(1) Art. 69. Il sera pourvu successivement par des lois séparées et dans le plus court délai possible aux objets qui suivent : 1° l'application du jury aux délits de la presse, et aux délits politiques; 2° la responsabilité des ministres et des autres agents du pouvoir, etc., etc.

et délits de la presse, méconnaissant tous les précédents et tous les principes, en défère la connaissance à la Chambre des pairs. La loi du 8 octobre 1830, posant à cette égard des régles sages, attribuait aux cours d'assises l'appréciation des délits commis, par l'un des moyens prévus dans l'art. 1ᵉʳ de la loi du 17 mai 1819, c'est-à-dire par la voie de la presse ou tout autre moyen de publication. C'était tout à la fois la réalisation d'une idée très nationale et l'application d'une sorte de dogme politique, le jugement de la presse par le jury (1).

Mais voici que notre gouvernement, osant ce que n'avaient pas osé ses prédécesseurs, malgré leur antipathie bien connue pour la presse, la poursuit à l'aide d'un étrange raisonnement : « Fieschi et tous ces républicains exaltés qui promènent par la cité le trouble et le meurtre, lisent les journaux, dit-il ; or, les journaux par leur langage passionné exaltent les imaginations républicaines, donc les journaux sont complices des troubles et des meurtres qui agitent la cité ; en d'autres termes les journaux sont complices ou auteurs d'attentats et dès-lors justiciables de la Chambre des pairs. »

C'est-à-dire qu'au lieu de la définition du mot attentat, promise par l'art. 28 de la Charte, définition qui avait pour objet, comme nous l'avons expliqué, de restreindre la portée de ce mot dans son application à la compétence de la Chambre des pairs, on nous a donné un commentaire faux et inconstitutionnel ; au lieu de restreindre le sens du mot attentat, on l'a odieusement exagéré, et par le secours de cette prétendue définition on a bouleversé toutes les notions jusques-là acquises sur la nature des juridictions. Ainsi deux vérités paraissaient

---

(1) Loi du 17 mai 1819. Art. 1. Quiconque, soit par des discours, des cris ou menaces proférés dans des lieux ou réunions publics, soit par des écrits, des imprimés, des dessins, des gravures, des peintures ou emblêmes vendus ou distribués, mis en vente ou exposés dans des lieux ou réunions publics, soit par des placards ou affiches exposés au regard du public, **aura** provoqué l'auteur ou les auteurs de toute action qualifiée crime ou délit à la commettre, sera reputé complice et puni comme tel.

Loi du 8 octobre 1830, art. 1. La connaissance de tous les délits commis, soit par la voie de la presse, soit par tous les autres moyens de publications énoncés en l'art. 1 de la loi du 17 mai 1819, est attribuée aux cours d'assises.

invariablement établies; à savoir : 1° que la compétence de la Chambre des pairs ne devait s'adresser qu'aux attentats d'une haute gravité ; 2° que la presse ne relevait que du jury. Et voilà que tout à coup, après une révolution qui a été faite en grande partie pour et par la presse, la presse est violemment dépouillée de sa juridiction en quelque sorte naturelle , et la compétence de la Chambre des pairs change complétement de caractère. Cette double dérogation, à deux principes également sacrés, est plus qu'une illégalité, pouvons-nous dire, par allusion à un mot célèbre , c'est une faute.

C'est une faute parce que les gouvernements ont bien tort de croire que tout est dit quand ils ont obtenu de la complaisance ou de la frayeur accidentelle des Chambres, une véritable complicité à un acte inconstitutionnel.

C'est une faute parce que de semblables hérésies politiques jettent le chaos dans la législation constitutionnelle, et la confusion jusque dans la langue politique et pénale , dont les mots alors perdent leur sens et leur vraie signification.

Quoi qu'il en soit, la faute a été commise; on a élevé les délits de la presse à la dignité d'attentat, et, au moyen de cette qualification arbitraire, on en a déféré la connaissance à la Chambre des pairs (1).

(1) Loi du 9 novembre 1835, art. 1er. Toute provocation par l'un des moyens énoncés en l'art. 1er de la loi du 17 mai 1819 aux crimes prédits par les art. 86 et 67 du Code pénal, soit qu'elle ait été, ou non suivie d'effet, est un attentat à la sûreté de l'État ; si elle a été suivie d'effet elle sera punie conformément à l'art. 1er de la loi du 17 mai 1819; si elle n'a pas été suivie d'effet, elle sera punie de la détention et d'une amende de 10,000 à 50,000 fr. Dans l'un comme dans l'autre cas, elle pourra être déférée à la Chambre des pairs, conformément à l'art. 86 de la Charte.

ART. 86 Code pénal, l'attentat contre la vie ou la personne du Roi est puni de la peine du parricide. L'attentat contre la vie ou la personne des membres de la famille royale est puni de la peine de mort. Toute offense commise publiquement envers la personne du roi sera punie d'un emprisonnement de 6 mois à 5 ans et d'une amende de 500 à 1,000 fr. Le coupable pourra, en outre, être interdit de tout ou partie des droits mentionnés en l'art. 42 pendant un temps égal à celui de l'emprisonnement auquel il aura été condamné. Ce temps courra à compter du jour où le coupable aura subi sa peine.

ART. 87. L'attentat, dont le but sera, soit de détruire, soit de changer le gouvernement, ou l'ordre de successibilité au trône, soit d'exciter les citoyens ou habitants à s'armer contre l'autorité royale, sera puni de mort.

Il y a toujours de graves inconvénients à faire des lois sous l'influence d'une commotion accidentelle : les principes sont facilement oubliés sous l'empire de l'enthousiasme ou de la peur, et lorsque ce premier mouvement est passé, lorsque le sang-froid a succédé à l'exaltation, on s'aperçoit alors de l'autorité des principes méconnus. Je crois qu'il en est ainsi de cette législation de septembre dont la révision est une nécessité constitutionnelle.

La révision de cette partie des lois de septembre relative à la presse est inévitable, parce que cette loi est antipathique aux mœurs de la presse ;

Parce qu'elle est illogique ;

Parce qu'elle est inconstitutionnelle ;

Parce qu'elle est fatale à la pairie.

§ V. *Cette loi est antipathique aux mœurs de la presse.*

« Il y a sur la presse, disait M. Royer-Collard dans la discussion de cette loi (1), des vérités acquises qui sont sorties victorieuses de ces longues discussions, qui ont pénétré peu à peu dans les esprits et qui forment aujourd'hui la raison publique ; celles-ci, par exemple, le bien et le mal de la presse sont inséparables ; il n'y a pas de liberté sans quelque licence ; le délit échappe à la définition, l'interprétation reste arbitraire.

« Le délit lui-même est inconstant ; ce qui est délit dans un temps ne l'est pas dans un autre. Ces inépuisables vérités ont été élevées à la démonstration, et c'est par elle que nous sommes arrivés à la grande conquête, à la conquête nationale de l'attribution de la presse au jury. En effet, si les jugements de la presse sont arbitraires, ils ne doivent pas être confiés à un tribunal permanent ; ce serait une tyrannie constituée. Si les délits de la presse sont mobiles, ils réclament un tribunal également mobile qui, se renouvelant perpétuellement, exprime sans cesse les divers états des esprits et les besoins changeants de la société. Autant vous attribuerez d'efficacité à la presse, plus vous exagérerez sa puissance et mieux vous établirez que la société a dû se réserver dans le jury une participation directe aux ju-

(1) *Moniteur* du 26 août 1835.

gements de la pressse ; c'est à cette condition seulement qu'elle jouit de la liberté politique et qu'elle s'appartient à elle-même. Le jury , en effet, n'est pas une de ces juridictions vulgaires dont la plume du légiste se joue , et qu'elle élève ou abaisse à son gré ; ce n'est pas une juridiction ; c'est une institution politique, c'est comme vous, et au même degré de souveraineté, le pays lui-même. »

« Que reste-t-il au jury, s'écriait M. Odilon Barrot dans la même discussion ? Que devient cette mission politique que nous avons cru devoir lui confier exclusivement en 1830 ?

« Prenez-y garde , le jury a été institué pour avertir tout le monde , le trône , les ministres (s'adressant à la Chambre entière), vous-mêmes. Oui ! c'est pour que le pays, par les verdicts du jury, avertisse le gouvernement et toutes les branches du gouvernement, des écarts qu'ils pourraient commettre; c'est pour les ramener dans la voie constitutionnelle que ces attributions lui ont été conférées ; c'est un avertissement continuel, permanent , solennel ; c'est une espèce de phare que nous avons élevé dans la constitution. Nous l'avons élevé sur un terrain neutre, à l'abri des tempêtes politiques, afin que si les autres pouvoirs étaient plongés dans une atmosphère de passion , ils pussent tous cependant reconnaître encore cette lumière puissante destinée à montrer où est la constitution et la paix du pays. Eh bien , s'il se rencontre un pouvoir législatif qui, entraîné par de vaines terreurs, en cédant à des sentiments de réaction, veuille multiplier les procès, forcer les conséquences de la loi pénale, franchir la ligne de démarcation entre ce qui est permis et ce qui ne l'est pas , ce sont les verdicts du jury qui l'avertiront qu'il a dépassé la limite et qui le ramèneront dans la voie dont il n'aurait pas dû s'écarter. Et si au lieu de suivre cet avertissement , de s'arrêter avec résignation devant cette conséquence de la constitution du pays, on s'irrite , on culbute le phare;... que sera-ce alors, si ce n'est la destruction d'une des institutions les plus salutaires, d'une des institutions qui garantissaient le mieux notre avenir ? Et alors qui vous avertira si les peines sont forcées , si les poursuites sont trop multipliées , si le pouvoir est compromis dans des poursuites imprudentes , où sera votre garantie ?

« Vous avez la justice des pairs ; mais est-elle la justice du pays ? Est-elle neutre dans nos pages politiques? N'est-elle pas plongée comme nous et plus que nous dans les préoccu-

pations du moment? Ne les partage-t-elle pas? Ne les dé-
passe-t-elle pas souvent (1)?»

Ces habiles dissertations sur la nature et les droits du jury
nous semblent comme un reflet de la vérité. Et cependant
comment se fait-il que des idées si justes ne frappent pas tous
les esprits? Comment se fait-il que tous les gouvernements de
tous les temps et de tous les pays ferment toujours les yeux à
l'éclat de la lumière et manœuvrent sans cesse ouvertement
ou dans l'obscurité contre les principes d'indépendance et de
liberté? Comment se fait-il, par exemple, qu'ici, dans cette
question de la presse, il ne soit pas encore convaincu de l'impuissance de tous ses efforts à combattre une puissance qui
a remporté déjà tant de victoires, qui a fait reconnaître ses
droits, qui les a fait sanctionner par une révolution et qui jamais, quoi qu'on fasse, ne subira l'injustice? La presse aujour-
d'hui, avec des torts sans doute, a cependant conquis par ses
immenses services une immense popularité qui s'explique et
se justifie par un seul mot, c'est que la presse c'est l'opinion
publique. Elle commet des fautes sans doute; la loi doit les
punir. Mais l'expérience est là pour nous apprendre que sous
prétexte de punir les excès de la presse, il faut bien se garder
de porter atteinte à ses droits. Or, c'est leur porter atteinte
que restreindre leur limite par la loi pénale, soit en la faisant
trop sévère, soit en en remettant l'exercice à des juges passion-
nés. Cette double aggravation a été commise dans la loi de
1835; la pénalité a été très à tort élevée et la juridiction scan-
daleusement déplacée.

C'est surtout cette seconde faute qui nous émeut et nous
alarme, parceque vainement la pénalité est-elle rigoureuse, si
le juge est miséricordieux ou tout au moins moralement compétent pour apprécier la culpabilité réelle. Telle est la nature
et l'excellence du jury appliqué à la presse; et, par contre-
partie, telle est l'antipathie profonde entre la presse et toute
autorité judiciaire permanente, inflexible, dévouée au pouvoir, incapable d'une appréciation morale et désintéressée.

Il est inintelligible pour moi que ces vérités aient été mé-
connues non pas seulement par le gouvernement, c'est une
funeste tendance que nous avons eu occasion de remarquer,
mais aussi par les Chambres, par la Chambre des députés qui

(1) *Moniteur* du 29 août 1835.

devrait savoir que la première manière de servir le gouvernement, c'est de refuser sa complicité à de fatales prétentions.

§ 6. *La loi est illogique.*

Rien ne prouve mieux l'iniquité de la loi que les détours dans lesquels elle a été nécessairement engagée pour arriver à une formule légale : la première chose à faire pour constituer la juridiction de la Chambre des pairs, c'était de grandir les délits de la presse jusqu'aux proportions de l'attentat : aucun moyen sans cela d'atteindre cette juridiction. La qualification était facile, parce qu'enfin avec un peu de complaisance grammaticale, on détourne les mots de leur signification réelle et on leur fait dire autre chose. Mais malheureusement aux mots de la langue pénale se rattachent des principes et surtout des peines, et si l'on est assez disposé en général à faire bon marché des principes, il y a, au contraire, cruauté à bouleverser capricieusement l'échelle pénale et à frapper au hasard. Tout cela formait autant d'impossibilités ; on n'a reculé devant aucune ; principes, signification légale des pénalités, tout a été méconnu, foulé aux pieds. Et cependant pouvons-nous dire, avec Galilée, *è pero si muove*, et cependant les principes vivent encore ! On a beau faire, il faudra y revenir.

Qu'est-ce en effet que la criminalité de la presse ? Résulte-t-elle d'une provocation à la révolte, suivie d'effet ou d'une simple émission de paroles plus ou moins répréhensibles ?

Dans la première hypothèse, il y a un fait principal, positif que la loi pénale frappe avec justice non-seulement dans son individualité, mais aussi dans toutes ses parties accessoires, c'est-à-dire, par exemple, dans ses complices ; ainsi la presse provocatrice à la révolte sera punie avec les révoltés.

Mais dans la seconde hypothèse, quel est le degré précis de culpabilité ? Jusqu'à quel point est condamnable telle ou telle doctrine professée par un journal sans rapport extérieur avec aucune agitation populaire ? Voilà un problème difficile à résoudre, et c'est à sa solution qu'une longue expérience avait trouvé satisfaction dans l'institution du jury.

Car, enfin, il s'agissait de criminaliser un écrit, c'est-à-dire l'acte de sa nature le plus inoffensif, le plus inviolable et le plus noble, puisqu'il est le produit de l'intelligence. Or, dit un publiciste que je cite avec quelque réserve (1) , « la pensée peut-être blâmable : si elle ne produit aucun acte nuisible, il n'appartient qu'à celui qui peut lire ce qui n'est pas écrit d'en apprécier l'importance , et d'y attacher une peine calculée sur le plus ou moins de consistance qu'elle avait, sur le plus ou moins de réalisation qu'elle pouvait avoir. »

D'ailleurs si le but et l'effet de toute punition sont de réparer, autant que possible, le mal résultant du délit, comment remplir cet objet de la loi pénale par une conception qui n'a rien produit? Comment surtout lui attribuer la criminalité de l'attentat, en supposant, ce qui est déjà difficile à établir, qu'elle soit criminelle? Mais qu'est-ce donc qu'un attentat? Aux termes de l'art. 88 du Code pénal, l'attentat résulte de l'exécution ou de la tentative seules. Or, qu'a fait l'écrivain accusé pour telle doctrine? Il s'est rendu coupable de provocation ; de provocation non pas à un crime, puisqu'il n'y en a pas eu dans notre hypothèse , mais à un commencement d'exécution, c'est-à-dire à une tentative de crime. Mais si l'écrivain est coupable de provocation à une tentative, il n'est donc pas coupable de tentative. Que devient donc la définition de l'attentat? En vérité, l'humanité et la raison ont trop à souffrir d'un semblable abus de mots pour se résigner au silence. Toutes les contradictions de cette mauvaise loi ont été relevées avec une logique trop puissante, par le respectable M. Nicod, lors de la discussion de 1835, pour que nous osions déflorer ses arguments, en les reproduisant d'une manière incomplète (2).

Tout ce que nous pouvons dire pour résumer notre pensée sur cette partie légale de la loi, c'est qu'on a vu naître et vivre de mauvaises lois, des lois injustes, cruelles ; une loi menteuse et fausse ne vivra jamais.

§ 7. *Elle est inconstitutionnelle.*

Les efforts que l'on a été obligé de faire pour colorer toutes ces contradictions, n'attestent que trop l'inconstitutionnalité

_____

(1) Leçons préliminaires sur le Code pénal, par M. Bavoux, p. 40.
(2) *Moniteur* du 27 août 1835.

de la loi, et son inconstitutionnnalité la plus honteuse ; car, c'est à l'aide de la dissimulation qu'elle s'exerce. On comprend, en effet, qu'il y avait un moyen de violer la Charte, c'était de dire franchement : « Elle attribue le jugement des délits de la presse au jury; mais le jury ne condamne pas assez : nous transportons cette attribution du jury à la Chambre des pairs.» C'était une dérogation à l'art. 69, mais du moins une dérogation franche, patente. Au lieu de cela, on a dit: « La Charte confère, il est vrai, la connaissance des délits de presse au jury; mais d'un autre côté elle constitue la Chambre des pairs juge des attentats qui seront définis par la loi; or, qualifions attentat un délit de presse, de cette façon la presse sera justiciable de la Chambre des pairs. » On comprend ce qu'un semblable raisonnement a de captieux et de faux. Sous prétexte de satisfaire à un article de la Charte, on en détruit un autre ; c'est ce qui faisait dire à M. Dupin : « Vous n'êtes plus dans la condition de la définition, vous changez le nom sans changer la chose, et cela pour changer la juridiction; pour éluder l'art.69, vous vous rattachez à l'art. 28; mais en vain dites-vous que les délits seront traduits devant la Cour des pairs *conformément à l'art.* 28; car on pourrait tout aussi bien mettre *contrairement à l'art.* 69, et ces derniers mots seraient beaucoup plus vrais que les autres (1). »

Et pourtant c'est une chose bien grave de toucher ainsi à notre pacte fondamental dans sa partie la plus sensible.

Lorsqu'on réfléchit à l'origine de cet art. 69 ; lorsqu'on se rappelle qu'il fut l'une des conquêtes les plus précieuses de notre révolution de 1830, lorsqu'on a vu ce faible esquif auquel s'attachaient tant d'espérances déposé sain et sauf sur le rivage après la tempête, le cœur est navré et la raison troublée à la vue de ces efforts impies employés à le précipiter de nouveau sur l'abîme et à compromettre ses destinées.

En vain prétendra-t-on qu'il y a exagération de notre esprit à proclamer ainsi la Charte violée; nous pensons avoir prouvé jusqu'à l'évidence notre assertion. Mais y eût-il doute, il nous est bien permis de témoigner quelque susceptibilité sur une question aussi délicate. « C'est une chose bien grave, disait M. Odilon Barrot, que de se trouver ainsi en présence

(1) *Moniteur* du 26 août 1835, page 1963.

d'une des clauses du pacte fondamental du pays, et de se demander si on ne porte pas sur ce pacte une main téméraire. Le doute seul serait un grand malheur ; car votre pouvoir législatif cesse là où commence le doute sur la conformité de votre loi avec la constitution...

Ne vous rappelez-vous plus que cette attribution a été faite au jury comme représentant la justice du pays, non point dans un langage de convention, mais dans le langage de notre religion politique.

Ce n'est pas comme accessoire des délits politiques que les délits de la presse ont été attribués au jury, c'est l'inverse. La proposition primitive était d'attribuer au jury seul tous les délits de la presse, sans exclusion, sans distinction ; ce n'est que par un amendement et par une espèce d'extension que, sur la proposition de M. Podenas, si je m'en souviens bien, les délits politiques ont été ajoutés à cette attribution ; mais la condition fondamentale, première, primordiale, c'était l'attribution universelle, exclusive de tous les délits de la presse au jugement du pays, au jury.

Voilà quel a été le sens politique de cette disposition que nous trouvons inscrite, non dans une loi passagère, non dans une loi modifiable ; mais dans le pacte constitutionnel, stable, invariable, dans le contrat commutatif entre le gouvernement et la nation. Pourquoi ? c'est que c'était une des conditions de l'avénement du roi, une condition de la sanction donnée par le pays à cet avénement, et cette condition, il n'est au pouvoir, ni du trône ni de vous, de l'effacer du pacte qui lie le roi à la nation....

Voilà quelle a été la condition, l'esprit, la volonté, le but de cet art. 69 de la Charte et de l'attribution au jury de tous les délits de la presse (1). »

Ainsi pour les esprits les plus incertains, y a-t-il simple doute, ce serait déjà chose sérieuse qu'un doute sur le plus ou moins d'inconstitutionnalité d'une semblable décision.

Mais malheureusement, ou heureusement peut-être, il y a plus que du doute, et le fait d'inconstitutionalité constant, prouvé, avéré, sera peut-être le remède au mal, et on amènera, je l'espère, la réforme.

(1) *Moniteur* du 27 août 1835, page 1985.

§ 8. *Elle est fatale à la pairie.*

Le mal a été encore aggravé, s'il est possible, par la forme, c'est-à-dire par le droit facultatif laissé au gouvernement d'investir la Chambre des pairs de tel ou tel procès. Ce caprice dans la juridiction lui donne un caractère d'instabilité aussi funeste peut-être que le vice même de la juridiction : les institutions gagnent toujours en effet à une détermination précise ; rien n'est plus pernicieux que la mobilité des limites, surtout dans le domaine judiciaire. Là, tout doit être prévu, organisé d'avance, sans préoccupation d'aucun fait particulier : à ce prix seulement la loi pénale respire l'impartialité qui seule peut lui attirer le respect. Mais l'arbitraire et l'arbitraire en matière politique laissé aux mains du gouvernement vis-à-vis d'un tribunal politique ! En vérité, il y a de quoi faire frémir la conscience la plus intrépide dans les bonnes intentions du pouvoir.

C'est pourtant encore la grande question qu'a résolue la législation de septembre ; l'arbitraire du ministre est seul compétent à saisir la Chambre des pairs. Ainsi les délits de la presse, grâce à la qualification d'attentat, étant élevés à la compétence de la Chambre des pairs, tout article de journal, quel qu'il soit, pourra lui être déféré ; tous discours, cris, menaces proférés dans des lieux ou réunions publics, ce sont les termes de la loi de 1819 ; tous écrits, imprimés, dessins, gravures, peintures ou emblèmes, etc., etc., pourront motiver la convocation de la Cour des pairs et appeler sa haute juridiction.

Dans cette variété infinie de culpabilité insaisissable, qui sera juge de la qualité du délit, de la comptétence du tribunal ? Le ministère, c'est-à-dire l'être moral le plus impressionnable, le plus partial, le plus suspect en semblable occurence, puisqu'il s'agit d'un grief pour lui personnel. Telle est cependant la volonté de la loi.

Mais le fond même de la question, sa portée politique ont un caractère bien autrement sérieux.

« La Chambre des pairs déjà cour spéciale de l'émeute, on la fait encore cour spéciale de la presse. La Chambre des pairs n'a pas mérité ce traitement. Elle n'existe pas pour être un instrument du gouvernement, *instrumentum regni*, selon l'énergique expression de Tacite. Essentiellement pouvoir politique, accidentellement pouvoir judiciaire dans de rares circonstances, où l'état lui-même intervient, placé, je dirais volontiers, relégué dans la sphère la plus haute de la région politique, d'où il domine par sa dignité et par le respect de son impartialité toutes nos agitations, c'est ce pouvoir si élevé que je caractérise encore bien faiblement, qu'on fait descendre à l'humiliante condition de cour spéciale, de cour prévôtale, assise sur les ruines de la justice du pays violée dans son sanctuaire. Et dans ce misérable état, elle sera saisie par la réquisition arbitraire, capricieuse du gouvernement..... La Chambre des pairs n'est que trop affaiblie, elle n'a éprouvé que trop de revers. Mutilée dans ses membres,.... elle a besoin qu'on ménage enfin sa dignité. Si loin déjà de son origine, elle est encore, vous le savez, l'asile de toutes les illustrations de la France, de toutes nos gloires politiques, militaires, civiles; elle renferme surtout beaucoup de vertus éprouvées, et cependant si elle subit l'affront qu'on lui prépare, elle périra. Un tribunal permanent, juge de la presse, perpétuellement battu par les flots irrités des partis, s'abimera bientôt dans l'impuissance (1). »

C'est la perspective d'un semblable avenir, c'est la crainte d'un semblable danger qui nous préoccupe à l'égal de la transgression de tous les principes que nous avons cherché à développer. C'est pour nous une profonde douleur d'observer l'aveuglement fatal qui préside aux destinées de la France ou plutôt aux destinées de son gouvernement; car heureusement ce n'est pas pour elle une question de vie et de mort, et si son gouvernement, pris d'un vertige contre lequel tant de conseils étaient venus échouer, a semblé pendant quelques années dévoué au suicide, la France dans sa force et sa puissance n'aurait plus eu qu'à plaindre un gouvernement qu'elle n'aurait pu ni éclairer de ses avis, ni guérir de ses erreurs et de son fol entêtement.

Cette triste prévision d'un sombre avenir heureusement éclairci aujourd'hui ne dispense pas pour cela d'un devoir impérieux à tout bon citoyen ; celui d'émettre son opinion et d'avertir le pouvoir, surtout dans une question où l'initiative sans doute a appartenu au gouvernement, mais à laquelle aussi s'est malheureusement associée la coupable complaisance du pouvoir parlementaire. Et comme il s'agit ici non-seulement du pouvoir exécutif, mais encore de l'une des deux

____

(1) Dis. de M. Royer-Collard, *Moniteur* du 26 août 1835, pag. 1961.

branches du pouvoir législatif, notre sollicitude doit être d'autant plus vive, parce que le mal est d'autant plus grave.

Or, entendez M. Odilon-Barrot, entendez M. Nicod, entendez M. Dupin, entendez M. Royer-Collard, ils vous diront tous avec nous que ces attributions judiciaires seront fatales à la pairie.

Eh, mon Dieu ! est-il besoin que l'on vous dise : « Ce n'est pas d'aujourd'hui que cette vérité politique est reconnue, qu'on peut affaiblir et gravement compromettre un pouvoir politique, en voulant étendre sa puissance et ses attributions. Il y a plus de pouvoirs qui ont péri par l'excès même de leur puissance, qu'il n'y en a eu qui ont péri par les limites marquées à leurs attributions (1).

Est-il besoin que l'autre se demande avec ses scrupules d'honnête homme si cette attribution de juridiction ne rompt pas l'équilibre des pouvoirs ; si, tout en augmentant dans le principe la puissance effective de la pairie, elle n'aura pas pour résultat dans l'avenir de ruiner sa considération et sa puissance morale (2).

Et cet autre orateur si incisif dans sa critique, mais en même temps si dévoué à ce gouvernement (3), pourquoi attendre qu'il vous dise : « N'y aurait-il pas un véritable danger pour l'état et la constitution si les pouvoirs étaient déplacés, si, par le trop fréquent usage de son autorité et surtout de l'autorité judiciaire, un des grands pouvoirs était déconsidéré ; si, par les collisions fréquentes que cela établirait entre lui et l'opinion et la presse, il résultait une espèce de compromis qui l'exposerait à des attaques multipliées et à des rancunes qui ne s'effacent pas aisément ? C'est-là où je veux vous faire sentir le danger de ces déviations d'abord peu sensibles, puis accélérées, et qui finissent par perdre les gouvernements qui s'y laisseraient entraîner. »

N'est-ce pas aux yeux de tout homme désintéressé ou plutôt intéressé au triomphe d'une seule pensée : le bonheur de son pays, n'est-ce pas l'évidence du jour que cette assertion de notre part que l'on affaiblit les différens pouvoirs en confondant leurs attributions ? Je voudrais faire passer chez les autres cette conviction qui m'anime que cette malheureuse loi est funeste à mon pays dont elle altère et vicie l'organisa-

(1) Disc. de M. Odilon-Barrot, *Moniteur* 27 août 1835, pag. 1985.
(2) M. Nicod, *Moniteur* du 27 août.
(3) M. Dupin, *Moniteur* du 26.

tion politique et judiciaire. Cette conviction profonde, je crois dans les limites de mes forces, remplir un devoir en l'exprimant avec franchise.

§ 9. *Conclusion.*

Je ne pense avoir cédé à l'influence d'aucune préoccupation politique : il est une autorité devant laquelle doivent s'incliner toutes les opinions, tous les systèmes, c'est celle des principes. J'ai donc essayé de prouver par des exemples imposants le danger de déserter les principes, seul gage de salut et de progrès pour un pays. Sans eux tout est arbitraire, confus, soumis aux caprices des intérêts et des passions ; sans eux le vaisseau de l'état erre, comme sans boussole, au milieu des orages : l'anarchie, la cruauté succèdent à la paix et à la clémence ; les lois n'ont plus de force, parcequ'elles n'inspirent plus de foi.

Il y a dans la démonstration de ces vérités trop de certitude et de clarté pour permettre de longs développements, et cependant la pratique vient toujours donner un démenti à ces incontestables théories. C'est que malheureusement le pouvoir exécutif, comprenant bien mal ses intérêts, est toujours là avec ses tendances personnelles opposées aux tendances publiques, avec son action incessante, ses ressources financières et morales, ses séductions de tous genres, faisant contrepoids aux principes dont la rigidité le gêne toujours ; c'est ainsi que va l'histoire de tous les peuples : lutte perpétuelle de la civilisation et du progès contre les préjugés et les mauvais vouloirs des gouvernants.

De ces combats naît, je le sais, l'équilibre des forces et surtout le prix d'affection, pour ainsi dire, que les nations attachent aux libertés qu'elles ont ainsi acquises à force de persévérance et d'efforts, mais ces efforts pour réussir ne doivent jamais cesser, car le pouvoir dans son système ne s'arrête jamais.

Il s'agit ici de sauver encore une fois du naufrage un principe que nous devions croire à jamais échappé de la tempête : il s'agit du pouvoir judiciaire.

En Angleterre, comme en France, où il a reçu tant de chocs violents, il a été protégé, sanctifié par l'assentiment unanime de tous les écrivains politiques, de tous les jurisconsultes les plus éminents : Delolme, Blackstone (1), Bentham, Montes-

(1) Blackstone, commentaire sur les lois anglaises, tom. 6, p. 211 et suiv.

quieu (1), Legraverend (2), et tant d'autres ont établi la nécessité d'une justice fixe, invariable, uniforme, indépendante;
et toujours leur voix a été méconnue; toujours le pouvoir,
dans sa défiance contre la justice qui ne satisfaisait pas assez
ses passions politiques, a créé sous un nom ou sous un autre
une justice exceptionnelle dont il espérait plus de complaisance;
c'est ainsi que les tribunaux révolutionnaires, les cours spéciales, prévôtales, tribunaux politiques sous telle ou telle dé-
nomination, ont toujours servi d'instrument aux rancunes
gouvernementales et à leur aveugle partialité.

Il est certain, sous l'impression de ces idées, que je serais
assez disposé à nier d'une manière absolue l'utilité d'une
dérogation quelconque l'unité de la justice; et que quant au
prince Louis Bonaparte, j'aimerais mieux le voir jugé lui et ses
coaccusés par le jury tout en reconnaissant que là juridiction de
la Chambre des pairs est là très régulière et très constitutionnelle; mais cependant comme ce n'est pas ici la question prin-
cipale, et qu'il s'agit uniquement de cette partie des lois de septembre, qui a dérogé à la Charte, en élargissant outre mesure, la
juridiction de la Chambre des pairs, je déclare, quant à moi
m'incliner respectueusement devant le texte de la Charte qui
constitue la juridiction de la Cour des pairs. Seulement, je veux
faire rentrer cette attribution judiciaire dans les limites natu-
relles, et n'en admettre l'existence que d'après les prescriptions
mêmes de la Charte, c'est-à-dire dans de rares et solennelles
occasions.

Espérons à ce point de vue la réparation d'une faute commise dans un moment d'égarement et de terreur panique;
aujourd'hui que le calme est rétabli dans la cité, aujourd'hui
que, grâce à la raison publique bien plus qu'au système qui
nous a si longtemps gouvernés, la paix règne dans notre pays,
profitons-en pour rendre aux principes leur vérité, à notre
pacte constitutionnel sa sincérité, et donner aux mœurs publiques un bon exemple.

(1) Montesquieu, *Esprit des Lois.*
(2) Legraverend, *Traité de législation criminelle,* tom. 2, pag. 569
et suiv.

FIN